Tatort Mitternacht

Von Simone Veenstra und Ulrike Rogler

Mit Illustrationen von Gisela Dürr

gondolino

002

© gondolino in der Gondrom Verlag GmbH, Bindlach 2003
Umschlaggestaltung: Gisela Dürr
ISBN: 3-8112-2205-8

Inhalt

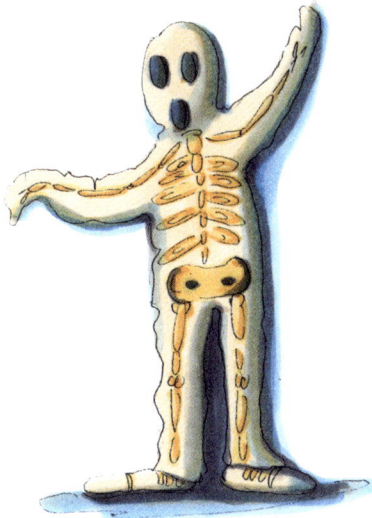

Fall 1
Der kopflose
Schinderhannes

Die Luft ist noch warm, aber nicht mehr so heiß wie über die Mittagsstunden. Irja und Gisi haben etwas Proviant in ihre Rucksäcke gepackt und schlendern gemächlich die Straße entlang.

„Hey", ruft Olli. Er sitzt auf einer Mauer und wartet auf Frank, der gerade aus dem Haus kommt. „Wo wollt ihr denn hin?"

„Das geht dich nichts an", brüllt Gisi zurück. Frank stellt sich zu Olli. Er schenkt dem Fußball neben Olli mehr Aufmerksamkeit als den beiden Mädchen.

„Was willst du denn mit dem platten Ding? Damit kann man doch nicht Fußballspielen. Der ist ja so schrumpelig wie der Kopf einer Schildkröte."

„Ich habe keine Ballpumpe. Entweder wir spielen mit dem oder gar nicht."

Frank will gerade antworten, doch da ertönt ein kurzes Klingeln. Er greift an seine Hosentasche und zieht sein Handy hervor. Kurz blickt er auf das Display, dann steckt er es entnervt wieder weg. „Mensch Olli, stell doch mal das Signal an deiner Uhr aus. Ich denke immer, es ist mein Handy."

„Ich mag das Signal aber. Es sagt mir jede volle Stunde an."

„Spiel dir doch ein anderes Klingeln auf dein Handy", rät Irja im Vorbeigehen. Doch bevor Frank antworten kann, kommt Tina, Madeleines kleine Schwester um die Ecke geradelt. Sie sieht Irja und Gisi mit dem großen Rucksack. „Ihr wollt doch nicht in die Höhle? Das sag ich Madeleine!" Bevor die beiden etwas erwidern können, hat Tina mit ihrem Rad gewendet und fährt wieder zurück.

„Mist", flucht Irja, „jetzt petzt sie." Irja und Gisi haben sich mit Madeleine gestritten. Madeleine

fand es zu gefährlich in die alte Schinderhannes-
höhle zu gehen. Aber was soll schon dabei sein?
Die Höhle hatte vor 200 Jahren dem berüchtigten
Räuberhauptmann Schinderhannes als Unter-
schlupf gedient, bis er irgendwann gefangen und
hingerichtet wurde. „Wenn es gefährlich wäre,
hätte man die Höhle doch bestimmt versperrt",
hatte Irja argumentiert, aber Madeleine hatte darauf beharrt, dass es gefährlich und dumm sei in
die Höhle zu klettern. Als dumm wollten sich Gisi

und Irja nicht beschimpfen lassen. Also hatten sie beschlossen die Höhle ohne Madeleine auszukundschaften.

„Lass uns schnell gehen, bevor Madeleine noch die Polizei ruft, weil wir in die Höhle wollen", treibt Gisi zur Eile, „zuzutrauen wäre es ihr."

Die beiden beschleunigen ihre Schritte und biegen in den Wald ein.

„Da vorne ist sie!" Aufgeregt deutet Gisi auf eine Felswand, die im Wald aufragt. Erst kurz davor erkennt man den Eingang zur Höhle. Zwischen einigen Felsbrocken öffnet sich ein schmaler Spalt. „Das ist der Eingang", erklärt Gisi. Irja wird ein wenig mulmig. So eng hat sie sich den Eingang nicht vorgestellt. Sie kniet sich hin und späht in die Dunkelheit. Es lässt sich absolut nichts erkennen.

„Wir brauchen die Taschenlampe", sagt sie. Die beiden packen ihre Taschenlampen aus. Gisi klettert als Erste in die Höhle. Irja quetscht sich

als Zweite in die Finster-
nis. Erst als sie ihre Taschenlampe einschal-
tet, sieht sie Gisi.
Die Höhle ist er-
staunlich hoch.
Die Mädchen
können auf-
recht stehen. In den Ecken liegt Müll. Offensichtlich sind sie nicht die ersten Besucher. Vorsichtig
schleichen sie tiefer in die Dunkelheit. Kalte,
feuchte Luft lässt sie frösteln. „Irgendwie ist das
gruselig", flüstert Irja. Gisi nickt.

Auf einmal hören sie draußen vor der Höhle
Äste knacken, es knirscht und plötzlich verschwindet der Lichtstrahl, der durch den schmalen Eingang fiel. Die beiden stürzen zum Eingang zurück. Ein dicker Felsbrocken versperrt
den Weg nach draußen. „Hilfe!", schreit Irja so
laut sie kann. Aber nichts rührt sich.

„Wer soll uns hier hören?", fragt Gisi.

„Ich dachte, ich hätte Schritte gehört", antwortet Irja. Die beiden lauschen, aber es ist absolut nichts zu hören. Sie rütteln an dem Felsblock. Er bewegt sich keinen Millimeter.

„Was sollen wir jetzt machen?" Gisi ist voller Panik. Irja antwortet nicht. Sie weiß auch keine Lösung. Gisi versucht immer wieder den Felsen zu bewegen, aber sie ist eindeutig zu schwach. Resigniert setzt sie sich neben Irja auf den kalten Boden. „Jetzt können wir nur hoffen, dass Tina wirklich gepetzt hat. Dann finden sie uns wenigstens", flüstert Gisi.

„Vielleicht war das ja auch Madeleine um uns zu zeigen, wie gefährlich die Höhle ist", vermutet Irja. Aber Gisi wider-

spricht: „Das würde sie nie tun. Der Fels ist bestimmt von der Wand abgebrochen und vor die Höhle gefallen."

Die beiden wissen nicht, wie viel Zeit bereits vergangen ist. Es müssen aber Stunden sein, denn anfangs waren durch kleine Ritzen noch Lichtstrahlen gefallen. Jetzt ist alles gleichmäßig dunkel. „Oh weh, Irja, wir werden nie mehr aus der Höhle herauskommen!" Gisis Stimme klingt panisch. Sie greift nach Irjas Arm.

„Das ist bestimmt ein Geist", flüstert Gisi. In der darauf folgenden Stille hört auch Irja das Geräusch. Die beiden wagen kaum zu atmen.

„Wir finden schon einen Weg", antwortet Irja und knipst ihre Taschenlampe an. Sie leuchtet in der Höhle herum. Der Lichtstrahl wandert über den herumliegenden Müll und bleibt dann an einem langen Brett hängen. „Das könnte gehen", ruft sie begeistert.

„Was denn?" Auch Gisi schöpft Hoffnung.

„Wir nehmen das Brett und versuchen den Stein wegzuhebeln", erklärt Irja. Die beiden machen sich sofort ans Werk. Sie müssen eine Weile probieren, bis sie den richtigen Hebelansatz gefunden haben, aber dann gelingt es ihnen tatsächlich, den Stein so weit zu bewegen, dass sie aus der Höhle klettern können.

Mittlerweile ist es wirklich dunkel geworden. Eilig machen sich die beiden auf den Heimweg. Doch sie kommen nur wenige Schritte weit, als es plötzlich im Gebüsch raschelt. Seltsame Geräusche erklingen, fast als würde jemand fluchen. Und dann, mit einem unglaublichen Wutschrei, springt ihnen eine leuchtende Gestalt mit einem Kapuzenpulli entgegen. Sie schreit und heult und plötzlich reißt sie sich den Kopf von den Schultern. Sie packt ihn an den Haaren und schleudert ihn wild durch die Gegend: „Wer seid ihr, dass ihr es wagt, den kopflosen Geist des Schinderhannes zu stören?" Der Kopf fliegt dem Geist bei diesen Worten aus der Hand. Geschickt fängt er ihn mit dem Fuß wieder auf und spielt ihn zurück in seine Hand.

Gisi und Irja sind starr vor Schreck. In ihrer Panik können sie keinen klaren Gedanken fassen. Der Geist beginnt sich langsam, unter nachlassendem Heulen, zu entfernen. Dann stehen sie auf einmal wieder alleine in der Dunkelheit. Ein seltsames, kurzes Piepgeräusch gibt den beiden den Rest. Irja und Gisi rennen los, als ginge es um ihr Leben.

Die Eltern der beiden, die sich längst Sorgen gemacht haben, hören die Geschichte von der Höhle nicht gerne. Von dem Geist wollen sie nichts wissen.

Am nächsten Morgen schlendert Irja niederge-
schlagen die Straße entlang. Sie ist mit Gisi an
der Mauer verabredet. Olli ist auch da. Er wartet
mal wieder auf Frank. Irja guckt auf ihre Uhr.
Genau eine Minute vor zehn. Frank kommt mit
einer Ballpumpe aus dem Haus. „Wir können dei-
nen Ball aufpumpen", sagt er. „Ich hab ihn weg-
geschmissen. Er war kaputt", gibt Olli zurück.
Frank will gerade schimpfen, da klingelt sein
Handy. Es hat eine neue Melodie.

Irja schaut auf ihre Uhr. Fünf Minuten nach zehn. Wo blieb Gisi nur. Dann fällt ihr etwas auf.

„Olli, so ganz ohne Uhr? Oder hat ein Geist sie dir geklaut?"

Hat es bei dir auch schon geklingelt?

Fall 2
Das Monster im See

„Das traust du dich nie!" Anja kann es nicht fassen. Christiane hat tatsächlich gewettet, dass sie es wagt nachts, im See zu schwimmen. Anja, Christiane, Corinna und Simone sind mit ihrer Klasse auf Klassenfahrt am Bodensee. Schon nachmittags sind sie mit dem Bus angekommen und haben einen ersten Erkundungsgang gemacht. Jetzt sitzen sie in ihrem Viererzimmer.

„Ich finde es ehrlich gesagt schon tagsüber gruselig, in dem See zu schwimmen. Man kann ja gar keinen Boden unter sich erkennen." Simone schüttelt sich bei dem Gedanken, alleine im See zu schwimmen. Und dann auch noch nachts!

„Mir ist das egal, tags, nachts, tief oder nicht tief, Schwimmen ist Schwimmen." Christiane kann sich überhaupt nicht vorstellen, was daran so schlimm sein soll.

„Vielleicht komme ich mit." Corinna ist auch immer für ein kleines Abenteuer zu haben, aber in diesem Fall ist sie sich noch nicht ganz sicher.

„Also abgemacht", Simone macht jetzt Nägel mit Köpfen, „heute, um Mitternacht, schleichen wir uns raus. Und wenn Christiane wirklich richtig im See schwimmt, dann sorgen wir dafür, dass Konrad ein Eis mit ihr essen geht. Wenn nicht, schuldet sie uns allen ein Eis."

„Falls sie nicht vorher vom Seeungeheuer in die Tiefe gerissen wird." Anja kichert.

Natürlich machen sie bis zwölf kein Auge zu. Und dann ist es so weit. Christiane und Corinna packen ihre Badesachen ein, Simone zieht eine große Taschenlampe aus ihrem Rucksack und schon klettern sie so leise wie möglich aus dem Fenster.

„Mach mal deine Taschenlampe an, ich sehe gar nichts", flüstert Anja Simone zu.

„Noch nicht. Wir sind noch zu nah am Haus. Das Licht könnte uns verraten", gibt Simone zurück. Gebückt huschen die vier durch die Dunkelheit.

„Autsch! Was war das?" Anja ist stehen geblieben. Sie bückt sich und reibt ihre schmerzenden Zehen. Dann tastet sie den Boden ab. „Hier liegt irgendetwas Hartes herum. Was ist das nur?" Die anderen drei kommen hinzu.

Alle tasten nach dem seltsamen Gegenstand.

„Fühlt sich an wie Plastiksäcke mit Steinen."
Corinna sucht nach einer Öffnung in den Säcken.
„Kannst du nicht mal ganz kurz deine Taschenlampe anmachen? Wir stellen uns ganz eng
zusammen, dann kommt der Lichtschein fast
nicht nach außen." Corinna will unbedingt wissen, was das ist. Die Mädchen rücken eng
zusammen und Simone knipst die Lampe an. Es
sind tatsächlich große Plastiksäcke mit einem
komplizierten Verschluss. Anja öffnet einen.
Simone leuchtet hinein. Das Licht fällt auf Metall-
kugeln.

„Was zum Teufel ist das?" Christiane kann sich
überhaupt nicht vorstellen, wozu das gut sein
soll. „Vielleicht zum Boulespielen?", überlegt
Corinna. „Die Kugeln sind doch viel zu klein für
Boule", widerspricht Simone, „die taugen höchstens für Babyboule. Lasst uns endlich zum See."
Anja verschließt die Tasche wieder.

Bis zum See ist es nicht weit. Anja hält ihren Fuß probeweise ins Wasser. „Kalt ist es nicht." Christiane zieht ihren Badeanzug an.

Corinna sieht nachdenklich auf den See. „Ich glaube, du musst da alleine rein, Christiane, mir ist das doch zu unheimlich."

Der See vor ihnen ist eine schwarze dunkle Masse. Ganz still liegt er da. Nur leise plätschert das Wasser ans Ufer. In weiter Ferne sieht man die Lichter von den Städtchen auf der anderen Seeseite und ein paar flackernde mittendrin. „Da drüben ist schon die Schweiz" hatte der Klassenlehrer Herr Bauer erklärt, als sie ankamen.

„Bist du sicher, dass du da rein willst?" Anjas Stimme klingt fast ein wenig besorgt.

„Du musst das nicht machen. Wir lachen auch nicht." Auch Corinna ist sich plötzlich nicht mehr so sicher, ob sie überhaupt will, dass Christiane ihre Wette in die Tat umsetzt.

Simone sagt lieber gar nichts mehr.

„Ich find's nicht schlimm, ehrlich. Das ist der gleiche See wie tagsüber." Christiane watet langsam in das dunkle Wasser.

„Sie tut es wirklich!" Anja hält sich die Hand vor den Mund.

„Es ist total schön", ruft Christiane ihren Freundinnen zu. Ausgelassen planscht sie im Wasser. Die drei entspannen sich etwas.

„Ist ja doch nicht so schlimm. Vielleicht gehe ich auch gleich noch ins Wasser." Corinna zieht ihren Badeanzug aus der Tasche.

„Oh ja, dann komme ich auch mit!"

„Ich pass auf eure Sachen auf."

Simone ist froh sich so vor dem Nachtbaden drücken zu können.

Schnell ist Christiane ein ganzes Stück auf den See hinausgeschwommen. Sie ist eine gute Schwimmerin. Vom Ufer aus ist sie fast nicht mehr zu erkennen.

Plötzlich gellt ein Schrei durch die Dunkelheit. Er kommt vom See. „Oh Gott, Christiane", flüstert Simone entsetzt.

„Christiane!", ruft Anja, „Christiane, wo bist du!" Panisch rennen die drei am Ufer auf und ab. Noch mal gellt ein Schrei über das Wasser. „Was sollen wir tun? Was sollen wir bloß tun?", fragt Anja mit tränenerstickter Stimme. Doch in dem Moment, in dem Corinna gerade losrennen will, um Hilfe zu holen, sehen sie Christiane aufs Ufer zu kraulen. Sie erreicht das Ufer und rennt so schnell sie kann zu ihren Freundinnen. Sie rafft ihre Kleider vom Boden und schreit nur: „Schnell! Wir müssen uns in Sicherheit bringen!" Voller

Panik rennen die vier durch die Dunkelheit zurück zu ihrer Jugendherberge. Erst als sie in ihrem Zimmer sind, werden sie etwas ruhiger.

„Um Gottes Willen, was ist denn passiert?", stößt Corinna hervor, während sie wie alle anderen um Atem ringt. „Irgendetwas hat nach meinem Bein gegriffen", stößt Christiane hervor.

„Das waren bestimmt Schlingpflanzen", vermutet Anja, „die fühlen sich so ähnlich an wie eine Hand."

„Nein!" Christiane schüttelt energisch den Kopf. „Das war eine Hand. Ich konnte Finger spüren. Außerdem hat sie mehrmals zugegriffen."

„Aber was soll das gewesen sein? Ein See-monster?" Simone versucht die Frage lustig klin-gen zu lassen. Aber irgendwie ist niemandem zum Lachen zu Mute. Erschöpft beschließen sie erst einmal zu schlafen. Bei Licht sieht vieles ja ganz anders aus.

Am nächsten Morgen beschließen sie vorerst nichts von ihrem nächtlichen Abenteuer zu erzäh-len. Für den Tag steht eine Bootsrundfahrt auf dem Plan. Der strahlend schöne Sommertag lädt auch dazu ein.

Im Garten vor der Her-berge pflanzt der Bru-der der Herbergsmutter gerade ein paar Sträu-cher. Er guckt nur kurz von seiner Arbeit auf, grüßt aber nicht.

„Ein unsympathischer Typ", findet Corinna.

„Ja, und außerdem sollte ihm mal jemand sagen, dass er sein Basecap oder was der auch immer trägt, nicht so eng stellen sollte. Das hinterlässt so einen blöden roten Streifen auf der Stirn", macht sich Simone lustig.

„Oder er sollte es nicht absetzten, dann sieht man den Streifen auch nicht", schlägt Anja vor.

Nach einem kurzen Fußmarsch haben sie den Bootssteg erreicht. „Oh los, wir dürfen aufs Schiff, lasst uns schnell einen guten Platz suchen." Corinna zieht ihre Freundinnen hinter sich her.

Alle haben Plätze auf dem Sonnendeck. Gemütlich schippert das Schiff am Ufer des Sees entlang. Ein junger Mann erklärt von Zeit zu Zeit die Sehenswürdigkeiten, die am Ufer auftauchen.

Viel bekommt Christiane nicht davon mit. Sie starrt die ganze Zeit ins Wasser. Das nächtliche Abenteuer hat ihr einen gehörigen Schrecken eingejagt. Sie hat das Gefühl, dass ihr die anderen nicht wirklich glauben. Deshalb hofft sie im Wasser einen Hinweis zu finden.

Gerade werden sie von einem Motorboot überholt. „... und hier überholt uns soeben ein Zollboot", sagt der Reiseleiter, „zwischen der Schweiz und Deutschland wird immer wieder Schmugglergut transportiert. Gerne per Schiff, manchmal auch mit einem kleinen Ruderboot oder sogar auf dem Surfbrett oder einfach mit guten Schwimmern.

Christiane horcht auf. „Ich habe da so eine Vermutung, was das Seemonster betrifft. Kein Wunder, dass diese Schwimmer schwere Kugelgewichte nötig haben." Ihre Freundinnen schauen sie ratlos an. Christiane grinst sie siegessicher an und fährt fort: „He, nicht alle roten Streifen auf der

Stirn kommen auch von Basecaps, ihr Landrat-
ten!"

Was ist mit dir, hast du auch eine
Vermutung, wer oder was das Seemonster sein könnte?

Fall 3
Von Hexen und
toten Hühnern

„Ich hoffe, nach den Sommerferien hast du einen neuen Wecker, Gökhan. Dein blöder Hahnen-schrei-Wecker nervt. Ich höre das Krähen jeden Morgen bis in mein Zimmer." Moritz, Ilvy, Karlo und Gökhan haben den letzten Schultag vor den Sommerferien geschafft.

„Hört sich an, als wäre der Wecker dein größtes Problem", lacht Karlo.

„Ist es auch", gibt Moritz zurück. „Ein echter Hahn auf einem Misthaufen könnte nicht lauter sein. Und ich kenne keinen Menschen, der seinen Wecker so lange klingeln lässt. Ich will diesen Wecker in den Ferien nicht hören."

„Ich steh doch in den Ferien nicht mit Wecker auf. Da brauchst du dir keine Sorgen zu machen", gibt Gökhan zurück.

„So, jetzt muss die alte Hexe sechs Wochen warten, bis sie uns wieder sieht." Karlo klingt erleichtert. „Das ist doch keine Hexe", wirft Ilvy ein, „das ist die alte Inga. Die war mal Magd auf Theos Hof." Ilvy findet zwar auch, dass Inga wie eine alte Hexe aussieht, aber es ist weniger beängstigend, wenn sie das glaubt, was ihr Vater erzählt hat.

Die alte Inga steht jeden Tag vor dem großen Holztor, dessen rote Farbe längst verblichen ist.

Hinter dem Tor liegt der alte Hof von Theo, dem Bauern. Theo wohnt mittlerweile auf seinem neuen Hof kurz vor dem Dorf. Hier, auf dem alten Hof, sind nur noch Inga, ein paar Katzen und Hühner zurückgeblieben.

Inga schlüpft immer durch eine kleine Holztür in dem großen Tor. Und dann steht sie da, klein und buckelig, gestützt auf eine alte, rostige Mistgabel. Sie trägt eine Unmenge von bunten Röcken und Hemden übereinander. Ihr graues, strähniges Haar wird nur unzureichend von einem Kopftuch gebändigt. Außerdem hat sie, ob Sommer oder Winter, immer schwarze, abgenutzte Gummistiefel an den Füßen. Ein einzelner, einsamer Zahn ragt aus ihrem ansonsten zahnlosen, eingefallenen Mund.

Böse zischt sie die Kinder an und durchbohrt sie mit ihrem starren Blick.

„Ich verstehe nie, was die Hexe sagt." Karlo spricht extra laut, damit Inga ihn hört. Ilvy findet das irgendwie unfair. „Sie ist doch nur eine alte Frau."

„Quatsch, sie ist eine Hexe", Gökhan unterstützt Karlo, „sie ist ganz sicher eine Hexe. Einmal hat sie Muschti und mich mit ihrer Mistgabel verfolgt. Ihr hättet mal sehen sollen, wie schnell die in ihren Gummistiefeln rennen kann. Die ist niemals so alt wie sie aussieht."

„Sie ist bestimmt noch älter als sie aussieht", erklärt Moritz altklug, „Hexen können uralt werden. 200 Jahre ist gar nichts für die. Inga ist bestimmt noch ganz jung für eine Hexe und deshalb kann sie auch so schnell laufen."

„Ihr spinnt doch", Ilvy ist sauer, „nur weil sie dir und deinem Bruder nachgelaufen ist, ist sie doch keine Hexe."

„Eine Hexe ist sie auf jeden Fall. Muschti und ich haben sie mal bei ihrem Vollmondritual beobachtet. Das war unglaublich gruselig."

„Wobei hast du sie beobachtet?" Moritz kann

sich unter einem Vollmondritual nichts vorstellen.

„Hexen haben bestimmte Rituale", erklärt Gökhan geduldig. „Muschti und ich sind letzten Sommer doch immer nachts durch die Gärten gelaufen und haben Erdbeeren geklaut. Na ja, und einmal war eben Vollmond. Wir sind hinter dem Hof lang und haben plötzlich einen fürchterlichen Schrei gehört. Wir haben uns ins Gras fallen lassen und sind vorsichtig Richtung Schrei gekrabbelt. Und da stand doch tatsächlich die alte Inga. Man konnte sie im Licht des Mondes gut erkennen. Sie hat gerade einem Huhn den Kopf abgebissen. Das Blut ist nur so gespritzt. Erst hat sie

dem Huhn das Blut ausge-
saugt und dann hat sie es
vergraben. Dazu hat sie Ver-
wünschungsformeln gespro-
chen."

„Woher willst du das
wissen?", unterbricht
Moritz.

„Weil sie in Latein
waren und Muschti
hat Latein in der
Schule gelernt."

„Ich glaub dir

nicht", Karlos Stimme soll überzeugt klingen, aber so ganz sicher ist er sich nicht.

Irgendwas sagt ihm, dass es durchaus stimmen könnte.

„Bitte, dann glaub mir eben nicht." Gökhan ist beleidigt.

„Du sagst, sie macht das bei jedem Vollmond", greift Ilvy ein. Gökhan nickt. „Dann können wir ja beim nächsten Vollmond prüfen, ob du die Wahrheit erzählst." Alle sind begeistert.

Sie beschließen gleich in Gökhans Kalender nachzusehen. Doch bevor sie dazu kommen, müssen sie Muschti begrüßen. Er ist zum Studieren weggezogen und gerade zu Besuch. Früher hat er viel mit ihnen unternommen, deshalb ist die Freude groß, ihn mal wiederzusehen. „Mensch Moritz, du bist ja fast schon so groß wie ich!", lacht Muschti erstaunt.

„Das ist nicht besonders schwer, so klein wie du bist", wirft Ilvy ein. Besonders groß ist Muschti

wirklich nicht. Er lacht. „Klein, aber oho!"

Ein Blick auf den Kalender sagt ihnen, dass sie Glück haben. In drei Nächten ist wieder Vollmond.

In der Vollmondnacht treffen sie sich auf Gökhans Anraten eine halbe Stunde vor Mitternacht. „So ein Ritual läuft immer gleich ab, sonst wäre es ja keines. Um Mitternacht beißt die Alte einem Huhn den Kopf ab und stößt Verwünschungen aus."

„Ist Muschti gar nicht dabei?" Ilvy ist enttäuscht und auch etwas besorgt. Mit Muschti hätten sie sich sicherer gefühlt.

„Nein, er kann nicht, weil er so viel lernen muss. Aber ich soll euch alle grüßen."

Leise machen sie sich auf den Weg. Hinter Theos altem Hof liegt eine Wiese. Das Gras steht hoch, weil niemand es mäht. Eine alte Eiche ohne Laub streckt ihre riesigen Äste in den schwarzen Himmel. Unwillkürlich muss Karlo an einen Galgenbaum denken. Tagsüber ist ihm dieser Baum noch nie aufgefallen. „Ist der nicht gruselig?", flüstert er Ilvy zu.

„Schscht!", zischt Gökhan und gibt ein Zeichen, dass sie sich alle im Gras verstecken sollen. Er sieht auf seine Uhr. Aber das wäre gar nicht nötig gewesen, denn genau in diesem Moment schlägt die Kirchturmuhr zwölf. Karlo läuft ein kalter Schauer den Rücken hinunter. Er kann seinen Blick nicht von dem Baum wenden. War der Baum nicht eben noch ein Stück weiter links? Er hält die Luft an. Aber dann gibt Gökhan ein Zeichen, dass sie weiter zum Hof kriechen sollen.

Auf allen Vieren und so lautlos wie möglich pirschen sie sich an den Hof heran. Doch nichts passiert. Ilvy wird langsam ungeduldig. „Ich glaube, wir können gleich wieder nach Hause."

„Pssst!", zischt diesmal Moritz. Plötzlich hören sie ein Schlurfen. Sie erstarren. Da kommt jemand. Eine Wolke zieht vor den Mond und es wird stockdunkel. Jetzt hört man nur noch die schlurfenden Schritte, die sich nähern. Ilvy kneift die Augen angestrengt zusammen. Sie erkennt einen dunklen Schatten. Dann gibt die Wolke den Mond wieder frei. Die Kinder halten den Atem an.

Da steht sie tatsächlich. Deutlich erkennt man das Kopftuch der Hexe und die weiten Röcke. Sie trägt etwas Großes in der Hand. Es sieht so aus, als würde es sich noch bewegen.

Plötzlich hören sie einen gellenden Schrei. Sie sehen wie Blut spritzt. Das ist zu viel für die heimlichen Beobachter. Panisch springen sie auf und stürzen vom gellenden Krähen eines Hahns begleitet in verschiedene Richtungen davon.

Ilvy hat den Fluchtweg durch die Gärten der Nachbarschaft gewählt. Sie fühlt sich fast in Sicherheit, als sie auf einmal ausrutscht. Sie ist in irgendetwas Glibberiges getre-

ten. Sie sieht sich um und stellt fest, dass sie bei Gökhan im Garten ist, aber es ist niemand da außer ihr. Also läuft sie weiter. Bei Moritz hat sie mehr Glück. Sie kommt gleichzeitig mit Karlo an. Gökhan und Moritz warten schon.

„Oh Gott, Ilvy, du blutest ja." Gökhan starrt erschrocken auf Ilvys Bein. Tatsächlich ist die Hose von einer roten Flüssigkeit bedeckt. Ilvy tastet ihr Bein ab. Es tut gar nicht weh. Das Blut fühlt sich klebrig an. Ilvy riecht daran. „Riecht wie Ketchup. Wieso haben Gökhans Eltern denn Ketchup im Garten?" Plötzlich fällt ihr etwas ein: „Wo ist Muschti?"

Ilvy hat einen Verdacht.
Du auch?

Fall 4
Das Haus des Mörders

„Da bist du ja endlich!", begrüßt Helge Robert ungeduldig. Andrea, Thomas und Helge warten schon eine Viertelstunde auf Robert.

„Wir dachten schon, du hast den Wecker nicht gehört. Sonst bist du doch immer der Erste", pflichtet Andrea Helge bei. Robert kramt in seinem Rucksack und zieht vier Schokoriegel hervor. „Möchte jemand ein Curly-Wurly?" Alle schütteln den Kopf. Außer Robert mag diese klebrigen Karameldinger eigentlich niemand.

„Na dann mal los. Sonst ist die Nacht um, bevor wir auch nur einen Schritt in den Wald gesetzt haben." Thomas ist voller Tatendrang.

Das Ganze war Helges Idee: eine Nachtwanderung. Schließlich sind Sommerferien und da muss man ja mal etwas Spannendes erleben. Der Vorschlag gefiel allen und Robert hatte sofort eine Idee, wohin es gehen könnte. Von der S-Bahn aus kann man ein kleines, halb verfallenes Häuschen im Wald sehen. „Da hat mal ein Mörder gewohnt", hatte Robert erzählt.

„Ein Mörder?", Andrea lachte. „Wo hast du denn schon wieder so einen Unsinn gehört?"

„Doch, du kannst es in den alten Zeitungen nachlesen. Er hieß Christian Viehweg, oder so."

„Na Hauptsache, jetzt wohnt er nicht mehr da", meinte Thomas. Und sie hatten sich darauf geeinigt, das Häuschen mal näher zu begutachten.

Robert geht voran. Bald kommen sie in den Wald. „Psst, da bewegt sich was!" Helge hält

Robert am Ärmel fest. Alle bleiben stehen und lauschen in die Dunkelheit. Wenige Meter vor ihnen raschelt es im Gebüsch. Robert leuchtet mit seiner Taschenlampe in die Büsche. Nichts zu sehen. Oder ist da doch ein Schatten weggehuscht? Thomas ist sich nicht sicher.

„Das sind bestimmt Rehe oder Wildschweine", sagt Helge. „Die schlafen doch nachts", wirft Robert ein. „Dann eben eine Eule." Helge findet eine Eule ohnehin beruhigender als ein Wildschwein.

Sie sind fast da, als plötzlich Roberts Taschenlampe schwächer wird. „Verdammt, die Batterie

ist gleich leer!", flucht Robert.

„Na toll. Dann stehen wir hier im Dunkeln." Andrea findet das überhaupt nicht lustig.

„Ich hab noch Ersatzbatterien", beschwichtigt Robert, „ich muss sie nur finden." Schließlich zieht er eine Vierer-Packung Batterien aus seinem Rucksack. Zwei fehlen schon.

„Warum hast du nicht die ganze Packung mitgenommen?", fragt Helge vorwurfsvoll. „Wir haben die doch heute extra für die Nachtwanderung gekauft."

„Die ersten zwei sind eben gerade leer geworden", antwortet Robert ungeduldig.

„Na, das scheinen ja super Batterien zu sein", schimpft Helge, „dann sollten wir mit der zweiten Hälfte am besten wieder umkehren. Wenn die genauso lange halten wie die ersten, dann stehen wir auf dem Rückweg im Dunkeln."

„Quatsch!" Robert ist genervt von Helges schlechter Laune. „Die halten lange genug." Helge holt gerade Luft um Robert zu widersprechen, da schaltet sich Thomas ein: „Ich bin dafür, dass wir weitergehen. Schließlich haben wir für den Notfall noch meine kleine Taschenlampe." Das überzeugt auch Helge.

Wenige Meter später bleibt Robert an einem steilen Abhang stehen. Er leuchtet mit seiner Taschenlampe zwischen den Bäumen hindurch in ein kleines Tal. Dunkle Umrisse eines Hauses werden sichtbar. „Da scheint tatsäch-

lich ein Haus zu stehen." Helge ist begeistert.

„Das Haus von Christian, dem Mörder. Huhu." Andrea versucht zu scherzen, aber man kann hören, dass sie die Vorstellung jetzt, mitten in der Nacht, doch unheimlich findet.

„Wie kommen wir denn da runter?", will Thomas wissen, während er den steilen Hang kritisch be- äugt.

„Rutschen", schlägt Robert vor, geht in die Hocke und rutscht auf dem Lehmboden den Hang hinunter.

„Sieht ja ganz leicht aus", findet Helge und macht es Robert nach. Um ein Haar wäre er ge- gen einen Baum geknallt.

„Los, hinterher." Thomas zieht Andrea am Ärmel. „Besser nicht so lange überlegen." Die beiden kommen ohne Schaden unten an.

„Ich wäre beinah gegen einen Baum gerutscht, habt ihr das gesehen?" Helge freut sich über sei- nen abenteuerlichen Abstieg.

„Das ist mir auch beinahe passiert", lacht Robert. „Sah aber bei dir ganz locker aus", wundert sich Thomas. Aber Robert ist mit seiner Taschenlampe schon in Richtung Haus gelaufen.

Wie sie jetzt erkennen können, hat jemand rund um das Haus kleine Teiche angelegt. Schmale Pfade führen dazwischen zum Haus. An manchen Stellen ist der Boden aufgeweicht und sie müssen aufpassen, dass sie nicht einsinken. Die dunklen Bäume bilden eine schweigende Mauer um das Grundstück. Nur eine Trauerweide lässt ihre langen Äste auf das Häuschen herunterhängen. Der volle Mond bricht durch die Wolken und scheint gespenstisch in das Tal.

„Schscht", zischt Thomas, „da raschelt schon wieder etwas!" Unwillkürlich rücken die vier enger zusammen und lauschen ängstlich. Mit lautem Getöse fliegt ein großer Vogel aus der Trauerweide auf.

„Nur ein Vogel", sagt Robert, „jetzt lasst uns mal das Haus erkunden." Vorsichtig schleichen sie zu dem Haus. Wo einmal eine Haustür war, klafft jetzt ein schwarzes Loch. Thomas holt seine kleine Taschenlampe hervor. Er will auch in die anderen Ecken leuchten können. Im ersten Raum

steht ein kleiner Tisch. Auf dem Boden liegt ein Stuhl, dem ein Bein fehlt. In einer Ecke lehnt ein halb zusammengebrochenes Regal. Es ist leer. Trockene Äste sind überall verstreut.

Thomas wagt sich in das nächste Zimmer. Auch hier fehlt die Tür. Ein kalter Luftzug weht durch das Fenster ohne Scheiben. „Das war wohl mal eine Art Küche", sagt er laut. Er sieht einen mit Feuer beheizbaren Herd. Auf dem Boden liegt

Müll verstreut. Irgendetwas kommt Thomas seltsam vor. „Hier stimmt etwas nicht", sagt er zu den anderen, die jetzt hinter ihm stehen. Er geht näher an den Herd. „Der ist ja noch warm!"

Thomas leuchtet auf den Müllberg neben dem Herd. Eine angebrochene Raviolidose. Ganz frisch. Und auch die anderen Lebensmittel sehen nicht so aus, als würden sie schon lange hier liegen. Brot und frisches Obst, sogar Schokolade und CurlyWurlys. Ein paar Flaschen Bier. Alle noch voll.

„Hier wohnt jemand", flüstert Helge. Seine Stimme ist ganz kalt vor Entsetzen.

„Raus!", schreit Andrea. „Wir müssen hier raus! Schnell!"

Die vier rennen los. Andrea hat nur einen Gedanken im Kopf, während sie mit den anderen durch den finsteren Wald stolpert: Der Mörder ist wieder in sein Haus zurückgekehrt! Und er hat sie die ganze Zeit im Wald verfolgt.

Erst als sie den Wald hinter sich gelassen haben, laufen sie langsamer.

„Oh je, das war knapp", jappst Thomas, „der lag bestimmt im dritten Zimmer. Stellt euch vor, wir hätten ihn geweckt." Ein kalter Schauer läuft ihm bei dieser Vorstellung über den Rücken. „Ich glaube, der war die ganze Zeit hinter uns. Das Knacken und Knistern kam von ihm."

„Ich wollte euch das ja vorhin nicht sagen, um euch nicht zu erschrecken, aber ich habe unter dem Regal eine Pistole gesehen und ein Mes-ser", erzählt Robert.

„Das hättest du uns aber sagen müssen." Helge

ist aufgebracht. „Dann hätten wir schon viel früher abhauen können. Du hast unser Leben riskiert!" Doch statt sich mit Helge zu streiten, grinst Robert bloß. „Was gibt's denn da zu grinsen?" Helge platzt gleich vor Wut.

Andrea ist verwirrt. Irgendetwas stimmt hier nicht. Plötzlich grinst sie fast so breit wie Robert.

„Jetzt regt euch nicht so auf. Der Mörder hätte uns höchstens zu einer Dose Ravioli eingeladen."

„Wie kommst du denn jetzt auf so was?", faucht Helge sie an.

Bist du auch schon darauf gekommen, was Andrea herausgefunden hat?

Fall 5
Das verlorene Beinchen

Melli summt leise vor sich hin, während links und rechts Kühe an ihr vorbeirauschen, Bäume und wieder Kühe. Ihre Eltern unterhalten sich leise. Vermutlich machen sie Pläne, was sie alles an den Abenden unternehmen werden, an denen sie mit Alex zu Hause bleiben muss. Dabei hat Alex, Mellis sechzehnjährige Cousine, sicher Besseres zu tun, als auf sie aufzupassen. Das war schon

letztes Jahr so. Warum sollte es dieses Jahr anders sein?

Melli schließt die Augen. Komisch, wie sich die Geräusche verändern. Es klingt ganz anders, wenn das Auto an einem freien Feld entlangfährt, als an einem Waldstück. Ihre Eltern lachen leise. Wenigstens freuen die sich auf den Urlaub.

Zisch. Das muss eine Wand sein. Melli blinzelt. Tatsächlich, eine Mauer rechts. Eigentlich ist es ganz einfach. Das hat ihr Bob, der mit seiner Familie unter ihnen wohnt, erklärt. Das ist die Akustik. Der Schall verändert sich. Wenn er in kurzer Entfernung auf einen Gegenstand trifft, dann kommt er schneller zurück.

Bob ist von Geburt an blind. Anfangs fand Melli das unheimlich. Vor allem, weil Bob selbst dann wusste, dass sie im Treppenhaus war, wenn sie sich mucksmäuschenstill verhielt. „Du brauchst den Atem nicht anzuhalten", hatte er schließlich zu ihr gesagt, als er an der Nische vorbeilief, in

der sie sich versteckt hatte. „Ich weiß auch so, dass du da bist."

„Echt? Wie denn?" Da hatte er ihr das mit den Schallwellen erklärt und dass er genau wüsste, wie sich diese Nische anhörte, wenn niemand dort stand.

„Nur noch ein paar Minuten", sagt Mellis Mutter fröhlich. Melli hätte die Ferien viel lieber zu Hause mit Shana und Bob verbracht. Bob wollte ihr das richtige Hören beibringen, wie er es nannte. Gleich biegen sie auf den Parkplatz vor der Wohnanlage ein. Melli seufzt und öffnet die Augen. Da sind sie schon. Der Vater parkt, die Mutter schnallt sich schon ab. Melli schält sich aus ihrem Sitz und packt ihre Reisetasche. Auf in den Kampf.

Schon der Anfang ist eine Katastrophe. Alex kommt erst gar nicht aus ihrem Zimmer. Sie schmollt. Eigentlich wollte sie mit ihren Freunden heute Abend ins Kino gehen. „Das wird schon wieder", lacht Onkel Hans-Jürgen. „Ins Kino kann sie ja immer, ihre Lieblingscousine dagegen sieht sie nicht so oft." Melli lächelt skeptisch. Lieblingscousine. Nun ja, das ist keine besondere Auszeichnung, wenn man nur eine hat.

Ziemlich schnell fühlt sie sich überflüssig. Die Erwachsenen unterhalten sich in der Küche. Hans-Jürgen erzählt Mellis Vater irgendetwas von einem neuen Auftrag, er ist Architekt. Heidemarie, seine Frau, und Mellis Mutter stecken die Köpfe zusammen und fachsimpeln über ein Buch, das sie beide gelesen haben. Aus Alex' Zimmer ist

lautstark Musik zu hören. Gerne würde Melli sich auch unterhalten. Aber sie traut sich nicht so recht. Alex spielt immer das gleiche Lied. Melli weiß nicht, was sie tun soll. Ausgepackt hat sie schon. Ihre Kleider hängen ordentlich im Schrank und Fridolin, ihr Stoffhase, für den sie ja eigentlich viel zu alt ist, sitzt auch schon auf dem Bett in der kleinen Gästekammer. Melli beschließt einen Versuch zu wagen. Mit geschlossenen Augen will sie den Weg zu Alex' Zimmer finden. Eigentlich ganz einfach, immer nur der Musik nach. Aus der Küche raus, rechts um die Ecke und den Gang entlang. Die Musik wird lauter. Noch ein paar Schritte. Plötzlich packt sie jemand unsanft von hinten. Melli kreischt auf und öffnet die Augen.

Alex' Zimmertür steht offen, ihre Cousine hält sie von hinten umschlungen. Die Erwachsenen kommen aus der Küche gestürzt.

„Was ist denn los?", will Hans-Jürgen wissen.

„Alles in Ordnung, mein Schatz?", fragt auch

Mellis Mutter. Alex lacht. „Ich hab dich er
schreckt. Tut mir Leid, Mini."

„Du sollst mich nicht Mini nennen!", faucht Melli. Ihr Herz rast immer noch. Ärgerlich macht sie
sich von Alex los.

„Nicht streiten", verlangt Hans-Jürgen, „und
mach um Himmels willen diesen Krach leiser."
Dann dreht er sich um und geht wieder.

Melli folgt ihrer Cousine in das Zimmer. Alex
dreht an der Stereoanlage und wirft sich auf ihr
Bett. „Krach, tss, der hat doch keine Ahnung.
Klingt meine neue Anlage nicht super? Hab ich
zum Geburtstag bekommen. Ich konnte das

Quietschen von meinem kleinen Kassettenrekorder echt nicht mehr ertragen." Melli nickt, daran erinnert sie sich noch gut, und setzt sich vorsichtig aufs Bett. Alex erzählt ihr von dem Film, den sie sich anschauen wollte und von Robert, den sie toll findet und der eigentlich mitkommen wollte. Melli bekommt ein schlechtes Gewissen.

„Du kannst doch einfach heimlich gehen, wenn die Eltern weg sind. Ich verrate auch nichts", schlägt sie vor, aber Alex schüttelt den Kopf.

„Nee, nee, am Ende bekommst du Angst, rufst deine Mama an und dann fliegt der ganze Schwindel auf. Dann darf ich die ganzen Ferien nicht mehr weg."

„Ich bin doch kein Baby mehr!" Melli ist echt empört. „Doch, alles unter fünfzehn ist Kleinkind und alles unter zehn Baby. Wie alt bist du jetzt?"

„Nächsten Monat werde ich zehn!"

„Siehst du, Baby. Hab ich doch gesagt. Wir werden brav hier bleiben und ich erzähl dir eine Gutenachtgeschichte." Besonders begeistert klingt Alex nicht.

Gegen sieben gehen die Eltern aus, nicht ohne die beiden Mädchen noch zu ermahnen, nicht zu lange aufzubleiben. Alex verdreht die Augen. Im Fernsehen kommt nichts Interessantes und so beschließt Alex, dass sie eben gleich mit der Gutenachtgeschichte anfangen. Sie tut total geheimnisvoll. Melli ist misstrauisch. Vor allem, weil Alex sich vorhin noch einmal in ihr Zimmer eingeschlossen hat. Aber Geschichten hört sie gerne. In die Bettdecke gekuschelt und mit Fridolin im Arm fühlt sie sich richtig geborgen.

Alex hat das Licht im Zim-

mer gelöscht und die Rollläden heruntergelassen. Ihre Stimme ist leise und klingt unheimlich.

Sie erzählt von dem leerstehenden Schloss und dem kleinen Mädchen, das sich im Wald verläuft und dort für die Nacht unterschlüpft. Punkt Mitternacht beginnt das schreckliche Wimmern. „Gib mir mein Beinchen wieder! Gib mir mein Beinchen wieder!" Alex' Stimme ist zu einem hohen Fiepen geworden und Melli läuft es kalt den Rücken herunter. Doch sie ist fest entschlossen sich das nicht anmerken zu lassen.

„Das Mädchen folgt also der Stimme", erzählt

Alex weiter und rutscht noch näher an Melli heran. „Immer tiefer in den Keller kommt sie, immer dunkler und feuchter wird es und immer wieder hört sie das grausige Klagen: ‚Gib mir mein Bein zurück!' Und da, hinten in der Ecke, da sieht sie etwas glänzen, ein kleines Beinchen aus Gold, winzig klein, aber mit allem, was dazugehört. Ein kleiner Fuß und winzige Zehen, die zappeln. Sie nimmt also das Beinchen in die Hand und geht weiter. Und was glaubst du, hört sie da ganz dicht neben ihrem Ohr, als ob jemand direkt hinter ihr steht? Genau: ‚Gib mir mein Beinchen wieder!'"

Alex macht eine Pause und holt Luft. Melli ist ganz starr vor Spannung, was kommt jetzt wohl? Da beugt sich Alex blitzartig zu ihr herunter und brüllt: „Da hast du es!" Melli wirft sich herum und zieht die Decke über den Kopf. Gedämpft hört sie ihre Cousine lachen. „Ist das nicht eine tolle Gruselgeschichte?" Die Tür fällt ins Schloss. Alex ist gegangen.

Langsam zieht Melli die Decke wieder vom Kopf. Ihr Gesicht glüht und sie ist wütend. Im Zimmer ist es stockfinster. Langsam atmet sie tief ein und wieder aus. Doch was ist das? Irgendetwas quietscht und es hört sich an, als sei es ganz nah. Und plötzlich hört sie es: „Gib mir mein Beinchen wieder!", flüstert ein kleines Stimmchen. Dann quietscht es leise. „Gib mir mein Beinchen wieder!"

Melli traut sich nicht sich zu bewegen. Fest drückt sie Fridolin an sich und lauscht. Wieder quietscht es und dann hört sie noch etwas anderes im Hintergrund. Es hört sich an wie Musik und dann wieder das Jammern und das Quietschen. Melli braucht die Augen gar nicht zu schließen um zu wissen, was das bedeutet. Sie steht auf und tastet sich leise zur Tür. Dann reißt sie sie ganz plötzlich auf und brüllt hinaus: „Da hast du es!" Alex, die vor der Tür gehockt hat, wird ganz weiß im Gesicht und plumpst auf den Hintern.

Melli grinst. „So leicht legst du mich nicht rein. Ich bin schließlich kein Baby mehr!"

Was hat Melli herausgefunden? Wo kam das unheimliche Stimmchen her?

Fall 6
Die Mutprobe

„Uhhhh", dröhnt es und Graf Dracula erhebt sich aus seinem Sarg. „Das gruseligste Gruseln werden wir Ihnen lehren: Geister und Gespenster, Monster und Mutanten, nur in unserer Geisterbahn werden Sie erfahren, was echte Angst ist. Uhhuhhhhu!" Und schon legt er sich wieder schlafen.

Dirk blickt auf seine Uhr. In genau anderthalb Minuten wird der Plastikvampir wieder hoch-

schnellen um den gleichen Text zu sagen. Neben ihm versteckt sich ein Dreikäsehoch hinter den Beinen seiner Mama. „Ist der echt?", fragt er ehrfürchtig. „Aber nein, mein Schatz, das sind nur Puppen", beruhigt ihn die Mutter und zieht ihn weiter zu den gefahrlosen kleinen Karussells. Dirk blickt ihnen nach.

„Uhhh", unterbricht der Vampir im nächsten Anlauf seine Gedanken. „Na, gefällt dir der alte Knabe?", fragt ihn der Kassierer und schnäuzt sich laut in ein riesiges Taschentuch. Dirk geht zu dem kleinen Häuschen des Kassierers. Der ist sicher nicht mehr als vier Jahre älter als Dirk.

„Arbeitest du hier nur oder gehörst du dazu?", fragt Dirk neugierig. „Ich bin Jan und gehöre so was von dazu!" Der Junge streckt sich, gähnt und niest gleich hinterher. „Sonst würde ich mit dieser doofen Erkältung sicher nicht hier sitzen. Meinen Eltern gehört der Laden. Und meine Brüder arbeiten drinnen. An der Mechanik und so. Normalerweise würde Frank, der einzige Angestellte meines Vaters, der nicht zur Familie gehört, mich ja vertreten, wenn ich krank bin. Dummerweise hat er heute seinen freien Tag und ist sonstwo unterwegs." Dirk blickt ihn bewundernd an. Das stellt er sich toll vor. Das ganze Jahr unterwegs, immer auf Jahrmärkten, keine geregelte Schule und niemand, der einen triezen kann.

„Aber auf Dauer ist es echt ein bisschen langweilig", erzählt der Junge, als ob er Dirks Gedanken gelesen hätte. „Jedes Mal dasselbe und wenn du Freunde gefunden hast, dann musst du nach ein paar Wochen doch wieder weiter." Wieder trötet er in sein Taschentuch.

„Du findest wenigstens welche", seufzt Dirk. „Wenn du wüsstest, wie schwierig das ist, wenn du irgendwo bleiben musst!"

„He, wenn es so schlimm ist, dann komm doch einfach später noch einmal vorbei, da hab ich frei", schlägt der Kassierer ihm vor. „Meine Brüder putzen die Geister. Wir haben bestimmt viel Spaß."

„Ich würd ja gerne", antwortet Dirk zerknirscht. „Aber ausgerechnet heute muss ich meine Mutprobe ablegen."

„Deine was?"

„Mutprobe. Wer keine Mutprobe ablegt, darf nicht in die Clique." Der Junge schaut ihn mitfühlend an.

„Das hört sich ja nicht nach Spaß an."

„Ist es auch nicht."

„Na gut, wie wär's, wenn ich dir einfach jetzt unsere gruseligen Geister zeige?" In dem Moment kommt ein Junge aus der Geisterbahn, der

genauso aussieht wie Jan, nur älter. „Jan, nimm dir die rote Farbe und streich den Monsterhund mit der blutigen Schnauze neu. Ich habe gerade gesehen, dass die Schnauze überhaupt nicht mehr blutig rot aussieht."

„Das war mein Bruder Simon", erklärt Jan. „Tut mir Leid. Dann muss ich dir die Geisterbahn ein andermal zeigen." Und schon macht er sich auf den Weg.

Dirk ist wieder mit dem Plastikvampir allein. Und so langsam wird er unruhig. Er fragt sich, was sich die Clique wohl ausgedacht hat. Zuerst war er überglücklich, als Martin in der Pause auf ihn zu kam. Die anderen hatten ihn angelächelt. Sogar Heike, die eigentlich immer so ernst ist und die Dirk irgendwie interessant findet. Ob er nicht

Lust hätte in ihre Bande einzusteigen, hatte Martin gefragt und ihn neugierig gemustert.

Lust? Darauf hatte Dirk wochenlang hingearbeitet. Immer war er in ihrer Nähe gewesen und hatte versucht ein Gespräch zu beginnen. Aber erst letzten Mittwoch hatten sie ihn bemerkt. Da hatte er nämlich Martin ein Alibi verschafft, als der zu spät zum Unterricht erschienen ist. Er hatte dem Lehrer erzählt, dass er vergessen hätte, sein Fahrradschloss mitzunehmen und Martin extra noch einmal zum Abstellplatz gegangen sei um sein Fahrrad mit Dirks zusammenzuschließen. Der Lehrer war ganz gerührt. Und Martin bekam keine Strafarbeit.

Aber das alleine war natürlich nicht genug.

„Wer bei uns mitmachen will", hatte Martin erklärt, „der muss eine Aufnahmeprüfung machen. Meinst du, du schaffst das?"

„Was für eine Aufnahmeprüfung?", hatte Dirk gestottert und erklärt bekommen, dass alle Neueinsteiger eine Mutprobe ablegen müssen. Nur wenn sie die bestehen, werden sie in die Clique aufgenommen. Dirk hatte genickt, aber wohl war ihm dabei nicht.

Heike ist die erste, die bei dem Treffpunkt an der Geisterbahn eintrifft. So ernst wie immer blickt sie Dirk ins Gesicht. „Bist du sicher, dass du das machen willst?", fragt sie und Dirk wird noch

unsicherer. Soll sie ihn prüfen oder ist sie wirklich besorgt um ihn? Seine Hände werden feucht. Angenommen, Heike meint ihre Frage ernst, dann haben die anderen bestimmt etwas Schlimmes mit ihm vor.

„Das wird ein echter Spaß", lacht Martin und boxt Dirk übermütig in die Seite. „Und ein Kinderspiel dazu." Dirk ist sich nicht so sicher. Ausgerechnet die Kirmes hat sich die Clique ausgesucht um ihn zu testen. Er soll um Punkt zwölf in die Geisterbahn einsteigen und eine Viertelstunde drin bleiben. Die anderen würden draußen auf ihn warten.

Im Dunkeln wirken die ganzen Buden, Karussels und Maschinen ziemlich angsteinflößend. Das Riesenrad ragt wie ein stummes Skelett in den Himmel. Dirk ist nicht wohl bei der Sache, aber jetzt muss er es wohl durchziehen.

Die Gruppe postiert sich gegenüber der Geisterbahn. Um Mitternacht quetscht sich Dirk unter der Aufsicht der anderen durch einen schmalen Eingang ins Innere der Geisterbahn. Vorsichtig macht er ein paar Schritte in die Dunkelheit. Plötzlich hört er etwas. Er hält den Atem an um besser hören zu können. Da ist das Geräusch wieder. Er kann sich nicht erklären, was es ist. Dann wird ihm klar, dass das Geräusch näher kommt. Dirk hat das Gefühl, als würde ihm das Blut in den Adern gefrieren. Was soll er tun? Und dann auf einmal erkennt er das Geräusch: Jemand atmet neben ihm.

„Ha!", schreit eine Männerstimme in diesem Moment und eine große Hand saust auf seine

Schulter nieder. So einen Schreck hat Dirk noch nie bekommen. „Haben wir den Dieb", sagt die Stimme. Dann geht das Licht an. Von allen Seiten treten nun Leute aus dem Dunkeln hervor. Jans Familie.

„So ein kleines Bürschchen klaut hier also seit Tagen unsere Requisiten! Und jetzt fehlt der Monsterhund! Wo ist er? Raus mit der Sprache!" Der Mann, der spricht, muss Jans Vater sein. Dirk sieht Jans enttäuschtes Gesicht.

„Ich habe gar nichts gestohlen", ruft er verzweifelt, „ich sollte nur um Mitternacht hier eine kurze Zeit bleiben. Das ist eine Mutprobe!" Dirk ist wirklich verzweifelt. Er blickt in

die Gesichter, die ihn alle erbarmungslos anse-
hen. Niemand glaubt ihm.

„Wie ähnlich sich alle sehen", denkt Dirk unver-
mittelt. Bis auf einen, das muss Frank sein, der
den ganzen Tag frei hatte. Franks Pulli ist mit
roter Farbe beschmiert. Das sieht fast so aus, als
würde er bluten. Plötzlich fällt Dirk die Lösung
ein. „Ich weiß nicht wo der Monsterhund ist, aber
ich kann ihnen sagen, wer es wissen wird!"

Hast du auch herausgefunden, wer der
Gespensterdieb ist?

Fall 7
Das Burggespenst

Familie Mai sitzt beim Abendbrot. „Eva hat heute ein Gespenst auf Burg Schwarzenfels gesehen", platzt Nils hervor. Er grinst. Seine kleine Schwester Eva ist doch wirklich noch ein Kind, dass sie noch an so was glaubt.

„Ein Gespenst?", fragt Herr Mai. „Das ist ja aufregend. Was denn für ein Gespenst?"

„Ihr glaubt mir ja doch nicht." Eva stochert in ihrem Essen.

„Erzähl doch erst mal", fordert die Mutter ihre kleine Tochter auf.

„Na ja", beginnt Eva, „erst sind wir ein bisschen draußen gewesen, am Brunnen und auf dem Turm, und dann sind wir in die unterirdischen Gänge. Dafür haben wir extra unsere Taschen-lampen mitgenommen. Und plötzlich haben wir es alle gesehen: das Gespenst."

„Huhu", ruft Nils dazwischen, „ich bin das Gespenst mit dem weißen Bettlaken über dem Kopf, huhu."

„Es war nicht so ein Gespenst", Eva ist gekränkt, „es war ein Skelett und es ist auf uns zu gelaufen. Außerdem konnte es verschwinden und wieder auftauchen. Manchmal war es weg und dann stand es plötzlich ganz nah vor uns."

„Unsinn", ruft Nils, „ich werde mir das Gespenst mal vorknöpfen." Das klingt wenigstens mal nach einem ordentlichen Abenteuer. Das einzige, was er jetzt noch braucht, ist eine Taschenlampe, seine Freunde Thommi, Babu, Dagi und Claudi und einen Plan.

Kurze Zeit später sitzen sie alle vor Nils' Haus. Nils hat gerade erklärt, worum es geht. „Und wenn wir das Gespenst haben, dann können wir hinterher gleich noch den Katzenaugendieb fangen", Babus Mutter hat ihr gerade von dem spektakulären Einbruch erzählt.

„Was für ein Dieb?", will Claudi wissen.

„Vor zwei Tagen hat jemand im Fahrradgeschäft eingebrochen und alle Katzenaugen geklaut."

„Nur Katzenaugen? Kein Fahrrad?", Nils kann es gar nicht glauben. „Der Dieb muss ja vielleicht blöd sein."

„Ja, und jetzt auch blind. Er hat nämlich auch noch seine Brille dort verloren."

„Na, dann hat ihn die Polizei bestimmt bald. Die haben doch sicher seine Fingerabdrücke. Und wenn nicht, zumindest seine Dioptrinstärke!" Für Dagi ist der Fall damit so gut wie gelöst. „Dann lasst uns doch lieber das Gespenst fangen."

„Genau", Nils ist da ganz ihrer Meinung, „ich schlage vor, wir fahren erst mal zur Burg und dann machen wir einen Plan."

Mit dem Rad ist es nicht weit zur Burg Schwarzenfels. Als sie ankommen, sehen sie schon eine Traube von Menschen vor dem Burgtor. „Die Polizei und das Fernsehen! Was ist denn da los?" Claudi hat die uniformierten Polizisten und die Kamerateams als Erste entdeckt. Sie drängeln sich so weit wie möglich vor.

Zwei Männer stehen vor der Kamera. Der eine ist Herr von Schwarzenfels, der Besitzer der Burg, ein alter freundlicher Mann. Neben ihm steht sein Sohn in einem lässigen, grauen Anzug. Er hält ein Blatt in der Hand. Gerade wendet sich die Reporterin an den jungen Mann und fragt:

„Herr von Schwarzenfels, was hat es mit den Berichten über einen Geist in ihrer Burg auf sich und welche Konsequenzen werden Sie ziehen?"

Herr Schwarzenfels' Sohn starrt einen Moment auf das Blatt, das er in der Hand hält, kneift die Augen zusammen und antwortet dann:

„Tja, äh, nun ja, ich kann Ihnen auch keine Erklärung geben. Wir stehen vor einem Rätsel.

Solange wir ... also ... nicht klären können, was hier vor sich geht, müssen wir ... aus Sicherheitsgründen die Burg für Besucher sperren."

„Aber hat das nicht fatale finanzielle Folgen für Sie? Ohne Besucher haben Sie doch keine Einnahmen."

„Ja, das ist ... schon ... schlimm für uns. Wir überlegen daher auch, ob wir die Burg nicht verkaufen sollen."

„Unsinn!", fährt da plötzlich der alte Burgherr dazwischen. Er reißt seinem Sohn das Blatt aus der Hand, starrt kurz darauf, dreht es um, schaut dann noch einmal darauf und zerknüllt es dann wütend. „Niemals verkaufen wir die Burg. Seit Generationen leben wir hier. Ich lasse mich nicht durch so einen bösen Gespensterstreich vertreiben. Bis zum Burgfest in zwei Wochen

werden wir alles aufklären. Das verspreche ich Ihnen."

Er macht auf dem Absatz kehrt und verschwindet durch das Burgtor. Der Sohn zuckt mit den Schultern, verabschiedet sich und bückt sich kurz um einen Fussel von seinem weißen Turnschuh zu schnipsen. Dann verschwindet er ebenfalls durch das Tor.

„Tja, das war's wohl", kommentiert Claudi das Schauspiel, „wir kommen nicht in die Burg und dann können wir wohl auch kein Gespenst jagen." Sie kehren zu ihren Rädern zurück. Nur Nils will sich so schnell nicht geschlagen geben. Er sieht sich die Mauer genauer an. Dann kommt er zu den anderen und sagt: „Wir könnten über die Mauer klettern."

„Du spinnst wohl! Wenn uns jemand sieht?"
Thommi findet die Idee gar nicht gut.

„Dann müssen wir eben nachts kommen!"
Dagis Augen leuchten vor Abenteuerlust.

„Genau", auch Babu ist Feuer und Flamme,
„um Mitternacht. Dann treffen wir das Gespenst
bestimmt."

„Ihr seid ja verrückt. Wir bekommen richtig
Ärger, wenn die uns erwischen." Thommi will
nicht.

„Du hast ja bloß Angst", zieht Nils ihn auf, „aber
du musst ja nicht mitkommen. Alle, die mitwollen,
treffen sich heute Nacht um halb zwölf bei mir vor
dem Haus."

Natürlich ist Thommi um halb zwölf auch da. Über die Burgmauer zu klettern ist tatsächlich nicht besonders schwierig. Als alle drüben sind, schlägt die Turmuhr.

„Zwölf", flüstert Babu, langsam wird es ihr doch ein bisschen mulmig. Kurz bellt ein Hund, dann ist es wieder still.

„Los jetzt!" Nils läuft zielstrebig auf den Eingang der unterirdischen Gänge zu. „Dagi", er dreht sich zu den anderen um, „du hast die beste Taschenlampe, deshalb gehst du vor."

„Schisser!", zischt Thommi. Aber

Dagi marschiert tatsächlich voran. Die anderen folgen.

„Bleibt dicht zusammen. Wir dürfen niemanden verlieren", flüstert Babu. Bei dem Gedanken alleine in diesen Gängen zu stehen, wird ihr ganz flau im Magen. Vorsichtig bewegen sie sich Schritt für Schritt weiter in die Dunkelheit hinein.

Plötzlich bleibt Dagi stehen. „Ich hab etwas gehört." Alle lauschen ängstlich in die Dunkelheit. Nichts. Außer dem eigenen Herzklopfen ist es still. Doch auf einmal ein gellender Schrei: „Huhu, huhu!"

Vor Schreck schreit Claudi auf. Thommi hat sich bereits umgedreht und will losrennen. Da schimpft Babu: „Nils, spinnst du. Du kannst uns doch nicht so erschrecken." Nils kichert. „Ich konnte es mir einfach nicht verkneifen." Grummelnd gehen sie weiter. Thommi bleibt sicherheitshalber etwas zurück, bis ihm einfällt, dass das Gespenst ja auch von hinten kommen kann. Schnell schließt er wieder auf. Dabei rennt er gegen Claudi, die stehen geblieben ist. „Pass doch auf!", flucht er.

„Da vorne, da vorne!", stottert Claudi. Den anderen scheint es die Sprache völlig verschlagen zu haben. Im Schein von Dagis Taschenlampe tanzt ein Skelett. Seine Knochen funkeln und blinken in den Lichtstrahlen. Die Kinder rühren sich nicht vom Fleck. Wie hypnotisiert starren sie auf das unheimliche Schauspiel. Langsam kommt das Knochengerüst näher.

Plötzlich muss Dagi niesen. Die Lampe fällt ihr aus der Hand und rollt über den Boden. Das Skelett ist verschwunden.

Nils ruft: „Raus hier! Rennt." Babu bleibt ganz ruhig. Sie bückt sich nach der Taschenlampe. Doch auf einmal sieht sie weiße Schuhe vor sich in der Dunkelheit. Sie bewegen sich. Ihr Anblick reicht um auch Babu endlich in Angst und Schrecken zu versetzen. Sie stürzt hinter den anderen her.

Außer Atem kommen sie vor dem Haus von Nils an. Nils zieht unter einer Hecke eine Flasche Limo hervor. „Wer hat Durst?" Doch bevor er die Flasche weiterreicht, trinkt er selber in gierigen Schlucken. Seine Taschenlampe hält er noch in der Hand.

Der Lichtstrahl gleitet hierhin und dorthin. Er

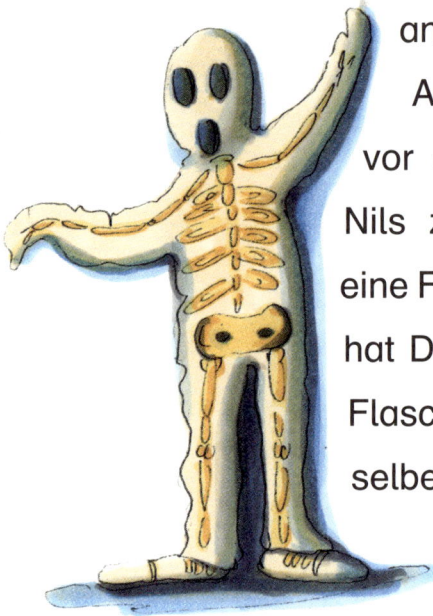

huscht über Thommis Rad und bringt die Katzen-augen zum Leuchten.

„Das kenn ich! Ich weiß jetzt, wer der Katzenau-gendieb ist. Und das Gespenst", grinst Babu. Nils vergisst zu schlucken und die anderen schauen sie völlig perplex an.

Weißt du auch, wer hier herumgegeis-tert ist?

Lösung Fall 1:

Olli hat sich einen ziemlich üblen Scherz ausgedacht. Er hat mitbekommen, was Tina zu Irja und Gisi sagte und kann sich denken, zu welcher Höhle die beiden wollen. Da Frank mit dem platten Ball nicht Fußball spielen will, folgt Olli den beiden. Er schiebt den Felsen vor den Höhleneingang und läuft dann schnell nach Hause um sich als Geist des Schinderhannes zu verkleiden. Er klebt eine Perücke auf den Ball und zieht den Pulli über den Kopf, sodass er den Ball statt des Kopfes in die Kapuze schieben kann. Er hat sich eine Taschenlampe unter den Pulli gesteckt, die ihn anleuchtet. Dummerweise kommen die beiden selber aus der Höhle. Deshalb überraschen sie ihn bei seinen Vorbereitungen. In der Hektik verliert er seine Uhr, aber das merkt er erst zu Hause. Gisi und Irja hören das Piepsen der Uhr, die im Laub liegt. Zufällig war Ollis Geisterauftritt gerade zu einer vollen Stunde zu Ende. Irja fällt das Fehlen der Uhr am nächsten Tag auf, weil sie kurz vor und kurz nach zehn auf ihre Uhr sieht. Ollis Uhr piept aber in der Zwischenzeit nicht. Dass der Ball nicht mehr da ist, macht ihren Verdacht komplett.

Lösung Fall 2:

Christiane denkt sich so ihren Teil, was das Schmuggeln betrifft: Taucher transportieren das

88

Schmugglergut unter Wasser von einem Ufer zum anderen. Ihr sind wieder die Plastiktaschen mit den seltsamen Gewichten eingefallen, an denen sich Anja den Fuß gestoßen hatte. Sie lagen im Garten der Herberge. Die Gewichte werden benötigt um die Plastiktaschen daran zu hindern, nach oben an die Wasseroberfläche zu treiben. Der Bruder der Herbergsmutter hatte sie dort hingelegt. Der rote Streifen auf seiner Stirn, über den sich Simone noch lustig gemacht hatte, kam nicht von einem zu eng gestellten Basecap, sondern von einer Taucherbrille. Der Taucher hatte Angst von der badenden Christiane entdeckt zu werden, deshalb erschreckte er sie. Die Rechnung ging auf – allerdings nur für eine Nacht. Er hatte nicht mit Christianes Kombinationsgabe gerechnet.

Lösung Fall 3:
Da haben sich Gökhan und sein Bruder Muschti wohl einen Scherz erlaubt um die Ferien ein wenig spannender zu gestalten. Das Problem war nur, dass Gökhan schon von einem Huhn erzählt hat, das zum Ritual gehört. Woher sollten sie ein Huhn bekommen? Sie entschieden sich, den Wecker von Gökhan zu nehmen, der wie ein Hahn kräht. Vielleicht würde es ja niemand merken. Muschti hat sich also als alte Hexe verkleidet – er ist ja auch recht klein, sodass er als Inga

gut durchgeht – und den Wecker auf kurz nach zwölf gestellt. Jetzt brauchte er nur noch spritzendes Blut. Dazu hat er mehrere Flaschen Ketchup in eine Tüte gefüllt und ein kleines Loch hineingebohrt. Wenn er fest auf die Tüte drückt, spritzt der Ketchup aus dem Loch. Einen Probeversuch startete er im Garten seiner Eltern. Er ließ die Versuchstüte im Garten liegen und Ilvy rutschte auf ihrer Flucht darauf aus.

Lösung Fall 4:
Robert hat sich einen Streich ausgedacht. Nur eine Nachtwanderung fand er etwas öde. Also hat er ein bisschen nachgeholfen. Er kam zu spät zu der Verabredung, weil er vorher schon bei dem Haus war um alles vorzubereiten. Deshalb sind die Batterien seiner Taschenlampe auch fast leer. Als Helge erzählt, dass er beinah gegen einen Baum gerutscht ist, verplappert sich Robert. Er sagt, ihm sei das auch schon einmal passiert. Das heißt, er war schon mal da. Das letzte Indiz sind die CurlyWurlys, die als Proviant in dem Haus liegen. Wer, außer Robert, isst schon diese Schokoriegel?Um dem Ganzen noch eins oben drauf zu setzen, hat er spontan das Messer und die Pistole erfunden.

Lösung Fall 5:

Alex hat es wirklich darauf angelegt, ihrer kleinen Cousine ordentlich Angst zu machen. Bevor sie ihr die Geschichte erzählt hat, hat sie das Jammern auf ihren alten Kassettenrekorder aufgenommen und den unter Mellis Bett gestellt. Als Melli dann unter der Decke verschwand, hat Alex auf den Playknopf gedrückt und ist aus dem Zimmer gegangen. Aber Melli hat sich nicht nur an das Quietschen des Kassettenrekorders erinnert, sondern außerdem Alex' Lieblingslied im Hintergrund gehört, das sie offensichtlich während der Aufnahme auf ihrer Stereoanlage gehört hat. Deshalb wusste sie sehr schnell, dass sich kein einbeiniger Geist unter ihrem Bett versteckt, sondern Alex ihr einen fiesen Streich spielt.

Lösung Fall 6:

Die rote Farbe auf Franks Pullover macht Dirk stutzig. Frank war heute den ganzen Tag nicht da. Das bedeutet, er weiß auch nicht, dass der Monsterhund heute erst frisch gestrichen wurde. Als er ihn geklaut hat, hat er sich, ohne es zu merken, die frische Farbe an den Pulli geschmiert.

Lösung Fall 7:
Es ist der Sohn des alten Burgherren. Er ist in das Fahrradgeschäft eingebrochen um Katzenaugen zu stehlen. Aus ihnen hat er sich das Skelettkostüm gebastelt. Babu ist aufgefallen, dass die Katzenaugen an Thommis Rad genauso leuchten, wie die Knochen des Skeletts. Als Dagi die Taschenlampe fallen lässt, verschwindet das Skelett. Und zwar nicht, weil es sich vor dem Niesen erschrocken hat, sondern, weil kein Licht mehr auf die Katzenaugen fällt. Der junge Herr von Schwarzenfels hat sich durch zweierlei verraten. Er hat das Blatt, auf dem seine Notizen standen, falsch herum gehalten, weil er ohne Brille nicht erkennen konnte, was dort steht. Sein Vater musste das Blatt umdrehen. Außerdem hat Babu seine weißen Turnschuhe im Schein der Taschenlampe gesehen. Der Sohn wollte die Burg verkaufen um so viel Geld zu verdienen. Sein Vater hätte dem normalerweise niemals zugestimmt. Deshalb wollte er den Vater in den finanziellen Ruin treiben, um ihn so zur Aufgabe zu zwingen.

Die Autoren

Simone Veenstra, MA Film, Theater und Literatur, wurde 1970 in Hanau geboren. Ihre Ausbildung absolvierte sie in Erlangen, Groningen, Berlin und New York. Die Autorin ist u.a. als Redakteurin für verschiedene Magazine und Kinderzeitschriften tätig. Darüber hinaus ist Simone Veenstra freie Autorin diverser Kinder- und Jugendmagazine und hat eine mehrbändige Kinderratekrimibuchserie (August 2003) zusammen mit Ulrike Rogler konzipiert und ausgearbeitet. Derzeit arbeitet sie an Kinder- und Jugendbüchern und -drehbüchern, Krimis, Kurzgeschichten- und Märchensammlung und an einem populären Sachbuch. Die Autorin lebt und arbeitet hauptsächlich in Berlin.

Ulrike Rogler, MA Germanistik, Geschichte, Psychologie, wurde 1971 in Frankfurt-Höchst geboren. Die Autorin arbeitet u. a. als Redakteurin für Funk und Fernsehen, für diverse Magazine, Kinder- und Jugendzeitschriften und schreibt Kinderbücher. Sie hat zusammen mit Simone Veenstra eine mehrbändige Kinderratekrimibuchserie (August 2003) konzipiert und ausgearbeitet. Ulrike Rogler lebt als freie Autorin und freie Journalistin in Berlin.

Die Illustratorin

Gisela Dürr studierte an der Fachhochschule Mainz Kommunikationsdesign. Nach dem Abschluss ihres Studiums ging sie als Stipendiatin an die begehrte Schule für Gestaltung in Zürich. Mit einem feinen Gespür für die kindliche Fantasie- und Vorstellungswelt hat sie inzwischen zahlreiche Kinderbücher illustriert. Bereits zweimal war sie mit ihren Arbeiten auf der internationalen Kinderbuchausstellung in Bologna vertreten.

Lesefix Ratekrimis

In dieser Reihe sind erschienen:

3-8112-2202-3

3-8112-2205-8

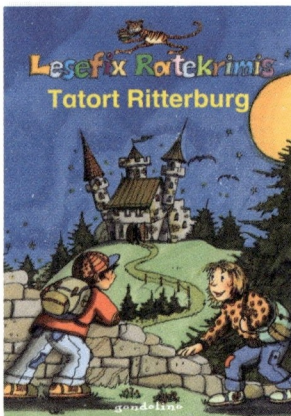

3-8112-2203-1

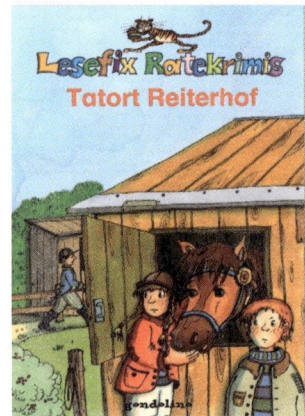

3-8112-2204-X

Je 96 Seiten, durchgehend farbig illustriert, Format: 14,4 x 21,0 cm.

gondolino

SCHMÖKERBÄREN

Schmökerspaß zum Sammeln!

Kennst Du schon unsere Schmökerbären-Reihe? Hier kannst Du ankreuzen, welche Titel Du gerne lesen möchtest!

- ☐ Abenteuergeschichten
  3-8112-2114-0

- ☐ Delfingeschichten
  3-8112-1981-2

- ☐ Fußballgeschichten
  3-8112-1924-3

- ☐ Gespenstergeschichten
  3-8112-1925-1

- ☐ Gruselgeschichten
  3-8112-2111-6

- ☐ Hexengeschichten
  3-8112-2112-4

- ☐ Indianergeschichten
  3-8112-1982-0

- ☐ Krimigeschichten
  3-8112-1983-9

- ☐ Pferdegeschichten
  3-8112-1923-5

- ☐ Ponygeschichten
  3-8112-2113-2

- ☐ Rittergeschichten
  3-8112-1980-4

- ☐ Schulgeschichten
  3-8112-1922-7

- ☐ Seeräubergeschichten
  3-8112-1926-X

- ☐ Weihnachtsgeschichten
  3-8112-1927-8

Je 128 Seiten, durchgehend farbig illustriert, Format 15,0 x 20,0 cm.

gondolino